AF245755

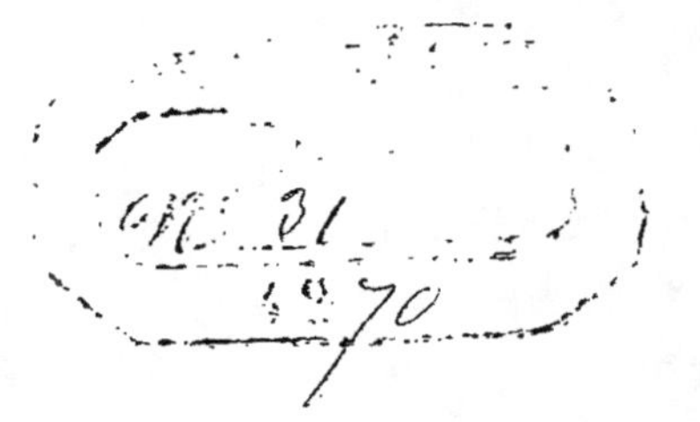

SOUVENIR

DES OBSÈQUES

DU DOCTEUR CAMILLE AUBAN.

LITH. ROBERT, TOULON

SOUVENIR

DES OBSÈQUES

du

DOCTEUR CAMILLE AUBAN,

Directeur du Service de santé de la Marine en retraite, Commandeur
de la Légion d'honneur, Membre du Conseil général du Var,
Président de l'Association médicale de l'arrondissement de Toulon,
du Comité d'hygiène, de plusieurs Sociétés de
secours mutuels, Membre du Conseil de perfectionnement des Études du
Lycée et de plusieurs Sociétés savantes, etc., etc.

TOULON

TYPOGRAPHIE ET LITHOGRAPHIE F. ROBERT,

Boulevard Louis-Napoléon.

—

1870

SOUVENIR

DES OBSÈQUES

du

DOCTEUR CAMILLE AUBAN.

« Transiit bonum faciens. »

Dans la matinée du 21 mars, la ville de Toulon, si paisible d'ordinaire, était agitée d'une émotion fébrile qui se communiquait aussi au dehors. Sur les routes se hâtaient des paysans et des ouvriers accourus des villages environnants ; dans les rues circulait une foule empressée comme dans l'attente d'un événement solennel, attristée comme par un malheur public. Un seul nom était dans toutes les bouches répété avec des regrets pieux et d'unanimes éloges ; c'était celui d'un médecin, d'un homme de bien dont le convoi s'apprêtait, c'était celui du docteur Camille Auban.

L'avant-veille, la nouvelle de sa mort se répandant avec une rapidité électrique avait jeté partout la consternation dans les campagnes et dans la cité.

La veille, sa chambre mortuaire, comme un lieu de pèlerinage, n'avait cessé d'être visitée par de brillants ou d'humbles amis, de toutes conditions, de tout sexe et de tout âge, chacun apportant le tribut de ses larmes, beaucoup répandant sur le lit funéraire des couronnes et des fleurs et y exhalant avec leurs prières de pathétiques adieux. La confrérie des pêcheurs faisait plus encore ; elle en avait le droit. Renouvelant ce qu'il y avait de plus respectable et de plus touchant dans l'antique patronage, les Auban s'étaient voués, depuis un temps presque séculaire, à assister, conseiller et soigner cette classe si intéressante de travailleurs. M. Camille Auban, qui devait si dignement continuer les belles traditions que lui avait laissées son père, avait accepté sans réserve cette part d'héritage et voici près de quarante ans que cette famille adoptive vivait sous sa bienfaisante tutelle. Aussi quand l'heure de la séparation approchait, venait-elle réclamer l'honneur, qui ne pouvait lui être refusé, de porter aussi loin que possible, elle-même et de ses bras, les restes de l'homme qu'elle entourait de tant d'affectueuse vénération.

Quand cette heure douloureuse a sonné, la ville entière s'est émue et a frémi comme si un seul cœur avait battu dans sa poitrine. Pouvait-il en être autrement ? Par son habileté de chirurgien et d'accoucheur, par cette longue et savante pratique médicale qui lui assurait une si large clientèle et le désignait comme un des premiers arbitres dans les consultations difficiles, par son expérience éclairée des fonctions administratives, M. Auban s'était fait de bien nombreux obligés ; par sa bonté inépuisable, que révélait cet aimable sourire que chacun se rappelle avec attendrissement, par le charme séduisant de son esprit et de ses manières, il s'était fait des amis de tous ceux qui l'ont connu ; enfin par les bienfaits de toutes sortes que sa main prodigue répandait chez tous ceux qui invoquaient son aide et chez le pauvre surtout, objet de ses prédilections, il avait conquis toute la population ouvrière et agricole ; faut-il s'étonner qu'au moment suprême des adieux tous soient accourus, grands et petits, pour faire à son cercueil un cortége triomphal ? Tout ce qui ne marchait pas à la suite de ces chères dépouilles se pressait sur leur passage pour les saluer encore une fois et chacun répétait qu'une vie si précieuse n'aurait dû finir au moins qu'aux dernières limites de la vieillesse.

Bien précieuse en effet pour tous et notamment pour ses confrères, car elle prêchait d'exemple autant que de leçons, car la noblesse de l'homme ajoutait à celle de la profession qui lui permettait de faire tant de bien, car il a prouvé que la gloire pour le médecin n'est pas uniquement la récompense des grands travaux scientifiques et qu'une telle popularité due à l'exercice, ainsi compris, de tous les devoirs que cette profession impose, constitue également une illustration durable et féconde en enseignements.

Ces enseignements qu'il nous laisse, il les avait trouvés au sein même de sa famille ; et nous ne parlons pas seulement de son père Jacques-Cyprien Auban, dont le souvenir vénéré vit encore dans la mémoire de nos vieillards et qui, Médecin en chef de notre École de santé navale y fut maintenu, après sa retraite, dans la position honoraire et exceptionnelle de Médecin Consultant de la marine, jusqu'à la fin de ses jours ; ni de son aïeul Joseph Auban, mort en 1787, prévot des chirurgiens de la marine ; nous voulons parler aussi d'autres membres plus anciens de cette famille où chaque génération comptait un médecin, comme l'attestent des documents qui remontent bien loin dans le passé.

C'était donc un nom éminemment médical que M. C. Auban avait reçu ; nous savons tous quel éclat il y a ajouté ; pourquoi faut-il qu'il ne lui ait pas été donné de le transmettre et que ce nom n'ait plus de représentant aujourd'hui sur le Livre d'Or de la Médecine provençale ?

Les premiers succès de M. Auban dans l'école à la tête de laquelle il devait se placer un jour, datent de 1816, où il fut nommé Chirurgien de 3me classe ; neuf ans après il était de 1re classe et au bout de quatre ans Professeur. La période la plus active de sa vie militaire a donc été très courte et elle correspond à une phase bien insignifiante de l'histoire de notre marine ; peu de mouvements dans la flotte, pas de guerre, pas de longues campagnes, rien qui pût contribuer à mettre en relief le jeune médecin, aussi ne citerons-nous que pour mémoire les noms des bâtiments sur lesquels il a successivement passé : *Ariège, Foudre, Bonite, Palinure, Bellone, Annibal* et *Scipion*. Mais il y puisa au moins la connaissance pratique et approfondie de l'homme de mer, des conditions au milieu desquelles il lui faut vivre, des nécessités de l'hygiène spéciale qu'il réclame et du cachet particulier des maladies qui peuvent l'assaillir, étude qui devait lui être si utile dans le service des hôpitaux maritimes, où il resta attaché pendant 25 ans ensuite et qu'il eut longtemps à diriger comme Président du Conseil de santé.

C'est donc surtout dans ce service, aux sources fécondes de l'instruction clinique que M. Auban s'est fait ce qu'il a été. Son horizon s'étendait de jour en jour devant lui. Un dernier concours le fit nommer Professeur à la fin de 1829 ; il devint 2e Chirurgien en chef deux ans après, et en 1846 il occupait une position pareille à celle qu'avait tenue son père, il était 1er Chirurgien en chef.

Elève de prédilection d'un maître distingué, J.-J. Raynaud, c'est sous ses yeux qu'il avait grandi dans les rangs des officiers de santé de la marine, c'est sous sa tutelle qu'il s'essaya dans la pratique civile où ses aimables qualités autant que son mérite lui valurent un si heureux accueil, qu'il s'y voua de plus en plus. Aussi le voyons-nous ne recevoir le grade de Directeur du service de santé en 1854, que pour demander bientôt sa retraite et se consacrer tout entier à cette médecine civile qui suffisait amplement à son ambition.

Son ambition ! Quel mot pour un homme si modeste et d'un commerce si facile ! Sans doute d'autres honneurs que ceux auxquels il avait renoncé sont venus le chercher et s'imposer à lui, mais nous savons tous que spontanément offerts il ne pouvait les décliner. Le sentiment public qui le jugeait à sa véritable valeur, la sympathie universelle dont il était l'objet, en l'appelant tour à tour aux Conseils de la ville et du département et à tant d'autres positions honorifiques qu'on lui demandait d'accepter, obéissaient au besoin d'exprimer la haute estime et la gratitude de la population envers un éminent citoyen, comme l'a fait naguère l'Association Médicale en se plaçant sous sa présidence.

Nous ne dirons rien de plus de l'homme public ; pour louer dignement l'homme privé, il nous resterait beaucoup à dire, beaucoup à raconter surtout, car les traits touchants de délicatesse et de charité abondent dans cette belle vie et il n'est personne dans la population qui n'ait quelque chose à citer. Aussi ne craignons-nous rien pour sa mémoire, car si la reconnaissance du peuple peut quelquefois être oublieuse pour les grands mérites, elle ne l'est jamais pour les grandes vertus.

Les obsèques ont eu lieu lundi dernier, 21 mars, à 10 heures du matin.

A défaut du chef actuel de la famille, du neveu germain du défunt, M. Auban-Moët, retenu dans sa famille d'Epernay par le devoir filial le plus impérieux, le deuil était conduit par M. Panon du Hazier, capitaine de frégate, neveu

par alliance, et par M. le contre-amiral Martin de
Roquebrune, major général de la marine, parent
des Auban.

Aucune des pompes officielles ne manquait
au convoi. A sa tête marchaient le clergé de
tóutes les paroisses, le personnel des hospices,
celui du bureau de bienfaisance et toutes les
congrégations. Puis se succédaient trois poêles :

Le poêle civil était tenu par M. Teste-Lebeau,
sous-préfet, M. Audemar, maire, M. Calvy, premier médecin en chef des hospices civils, et
M. Gay, avocat, membre du Conseil général.

Le poêle de la marine par M. Jules Roux,
directeur du service de santé de la marine ;
M. Bérard, commissaire général de la marine ;
M. Gervaize, directeur des constructions navales,
et M. Dupin de Saint-André, capitaine de vais-
seau, commandeur de la Légion d'honneur.

Un troisième poêle était tenu par quatre Membres de la Société des patrons-pêcheurs dont
M. Auban était le médecin depuis près de quarante ans.

Immédiatement après venaient, en robes, MM.
les Prud'hommes des patrons-pêcheurs et ils
étaient suivis du cercueil porté par les Membres
de cette société.

Dans la foule qui se pressait autour de ce
cercueil, nous avons pu remarquer MM. les

vice-amiraux Chopart, préfet maritime ; Jurien de
la Gravière, commandant en chef l'escadre d'évo-
lutions ; Jacquinot ; Clavaud ; M. le contre-amiral Gicquel des Touches, etc., etc.

Tous les chefs des services maritimes, tous
les membres des administrations civiles et mili-
taires et un grand nombre d'officiers de l'armée
de terre et de mer y figuraient également, ainsi
qu'une députation des éléves du Lycée. M.
Auban était membre du Conseil de perfection-
ment des études.

Un bataillon du 4e d'infanterie de marine,
avec la musique du régiment, formait la haie de
chaque côté du convoi.

Le reste du cortége était une foule, qui s'ac-
croissait de rue en rue et s'étendait indéfiniment.

Au sortir de l'église Cathédrale, où l'office
divin et l'absoute avaient été célébrés, le convoi
gagna le boulevard où il défila lentement pour
s'arrêter au rondpoint, terme fixé à la cérémonie
officielle. C'est alors que des voix aussi éloquentes
qu'émues s'élevèrent au milieu d'un pieux silence, pour dire au noble défunt le dernier
adieu.

Prenant la parole au nom de la marine, M. le
docteur J. Roux, directeur du service de santé,
parla le premier en ces termes :

Messieurs,

L'instant des funérailles est le plus souvent comme le reflet de la vie tout entière !

Le spectacle navrant des rues que ce lugubre cortége vient de parcourir ; ces travailleurs d'élite, écartant le char funèbre pour porter sur leurs bras la dépouille mortelle que le clergé vient de bénir et que bénissent encore les œuvres de la ville et tous les pauvres de la cité ; ce cercueil qu'entourent des habitants de toutes les conditions, les fonctionnaires de tous les ordres, les officiers de tous les corps, et les populations spontanément venues de toutes les localités voisines ; ce silence respectueux, ce religieux recueillement , cette tristesse profonde sur tous les visages, ne disent-ils pas mieux qu'on ne pourrait l'exprimer, ce qu'a été le grand citoyen dont Toulon déplore en ce moment la perte, homme utile dont nul n'a besoin de demander le nom, et dont la mort bientôt connue dans la contrée a répandu partout la consternation et le deuil.

Auban, docteur en médecine, directeur du service de santé de la marine, commandeur de l'ordre impérial de la Légion d'honneur, membre du conseil général du Var, avait longtemps fait partie du conseil municipal, de la commission des hospices, de presque toutes les administrations civiles ; il était président de l'Association des médecins de l'arrondissement de Toulon, du comité d'hygiène, de plusieurs sociétés de secours mutuels, et de cette honnête compagnie des pêcheurs, qui l'aimaient comme un père et le vénéraient comme un bienfaiteur.

Né à Toulon le 10 avril 1798, et fils d'un père qui avait été médecin en chef de la flotte, Camille Auban s'était voué par goût à la médecine navale, dont la noble mission est de suivre nos braves marins sur tous les points du globe où le devoir les appelle, de partager leurs fatigues, leurs périls, et de conjurer les fléaux qui les assiégent et les frappent.

Chirurgien de 3me classe en 1816 ; de 2me en 1821 ; de 1re en 1825, Auban arrivait au professorat par le concours en 1829 ; second chirurgien en chef de la marine en 1831, il était nommé premier médecin chef en 1846 ; c'est en 1854 qu'il fut élevé au grade de directeur du service de santé.

Tout le monde sait bien que, sur la flotte comme dans les hôpitaux, dans l'enseignement comme dans tous les services hospitaliers du port, dans les temps calmes comme dans les temps d'épidémies, Auban a toujours porté très haut l'honneur de la médecine navale.

Entraîné dans la médecine civile, où l'avaient précédé son père et J.-J. Raynaud, son ami et notre maître à tous, Auban donna un nouvel essor aux belles qualités qui le distinguaient ; aussi les succès qu'il obtint furent si complets, que la confiance qu'il inspirait devint bientôt générale ; que sa réputation grandissant s'étendit rapidement au loin, et parvint à son apogée , puisque son nom finit par personnifier le médecin. Qui de nous, dans les petites localités de ce département, n'a pas été salué du nom d'Auban, ou bien ne s'est pas entendu dire après un service rendu : merci, monsieur Auban?

Dans les nombreuses fonctions publiques où l'appelèrent ses connaissances spéciales, le choix du Gouvernement et le suffrage de ses concitoyens, Auban resta toujours fidèle à son amour de l'ordre et du bien public, ainsi qu'à son dévouement que, par habitude, il portait jusqu'à l'abnégation.

Il avait toujours vécu très-honorablement ; il appartenait à tout le monde comme tout le monde lui appartient dans cette heure solennelle ; il recevait la foule des indigents les jours de ses consultations ; il a passé plus de cinquante ans au chevet des malades.... il meurt sans laisser de fortune !

Mais que cet aveu d'une réalité touchante ne vous attriste pas cependant trop vivement, Messieurs, ne pressentez-vous pas, par les élans sympathiques qui éclatent de tous les côtés, par l'assistance imposante de tous les magistrats, par la manifestation de tout un peuple courant à la porte de la ville, pour ralentir la marche d'un cercueil, et acclamer encore l'homme honnête dans un dernier adieu, que le moment est venu d'offrir à ce citoyen généreux le tribut de la reconnaissance et de l'admiration publiques !

Eh bien, que la douleur, que les regrets qui nous oppressent, que les sentiments pieux qui nous animent tous, dans cette cérémonie dont la grandeur insolite nous étonne, s'exhalent de tous les cœurs en un suprême et légitime hommage envers l'homme de bien, le médecin désintéressé, qui, dans Toulon, n'a pas laissé une seule maison, un seul asile, un seul réduit si humble qu'il pût être, sans y pénétrer, en apportant les secours de son talent, les consolations de son âme chrétienne, la bienveillance de son caractère, l'aménité de son esprit et l'inépuisable bonté de son cœur.

Auban..... ta mémoire chère à tes concitoyens restera dans les souvenirs de ta patrie !... et nous, qui te suivons dans la carrière, désormais nous évoquerons ton nom avec ceux des Verguin, Manne, Pellicot, Fleury, Raynaud, Aubert, maîtres vénérés, qui, pendant plus d'un siècle, ont prodigué dans notre école, dans la ville, dans le département, les trésors de la science et les bienfaits de la charité !

Organe de la reconnaissance de la ville, M. Audemar, maire de Toulon, l'a traduite ainsi :

MESSIEURS,

Après les éloquentes paroles que vous venez d'entendre, je garderais le silence, si je ne me faisais un devoir, à cause de mes fonctions, de rendre publiquement, et sur ce cercueil, un dernier hommage à l'homme éminent que nous pleurons.

Au nom de la cité toulonnaise où M. Auban a occupé une si grande place, je dois me faire l'interprète de la douleur et de la reconnaissance publiques.

Pendant bien des années, M. Auban a siégé dans le sein du Conseil municipal ; sa parole y était toujours écoutée, ses avis presque toujours suivis. Il avait le don de la persuasion ; l'élévation de son caractère autant que la sympathie qu'il inspirait lui donnait une grande autorité, et cette autorité était d'autant mieux acceptée que, par le charme naturel de son esprit, il exerçait sur ceux qui l'écoutaient une véritable séduction.

Médecin infatigable et toujours sollicité, M. Auban savait aussi se multiplier, pour ainsi dire, dans ces fonctions civiles, où se révélaient ses aptitudes diverses, et surtout son ardent amour pour sa ville natale, à laquelle il a prodigué, pendant toute sa vie, son généreux dévouement.

Conseiller municipal, conseiller général, administrateur des hospices, président du comité d'hygiène, membre du conseil d'administration du Lycée, partout, M. Auban était comme le centre et le foyer des bonnes inspirations et des bonnes œuvres.

Aussi quelle n'était pas sa popularité! Qui n'était heureux de serrer sa main ou de se découvrir sur son passage ? Tout le monde l'aimait , les pauvres surtout qui connaissaient son inépuisable charité.

Messieurs, ces funérailles ne sont pas des funérailles ordinaires. Elles ne sont pas seulement un hommage rendu à l'un des chefs de ce corps éminent des médecins de la marine si cher à notre ville; ce grand concours d'amis et de fonctionnaires, cette douleur solennelle, cette émotion populaire signifient encore que la ville de Toulon vient de perdre un de ses plus nobles enfants !

M. Auban, cher et regretté collègue, votre mémoire vivra dans le cœur reconnaissant de vos concitoyens, et votre nom restera à jamais inscrit parmi les noms des hommes qui ont le plus honoré cette cité !

M. le docteur Calvy, premier médecin en chef des hospices civils, secrétaire de l'Association médicale de l'arrondissement de Toulon, interprète des sentiments de cette société, les exprima ensuite en ces termes :

MESSIEURS,

L'explosion de la douleur publique dont nous sommes témoins dans notre ville en deuil ; la consternation de la foule empressée sur le passage de ce lugubre et interminable cortége ; les angoisses qui nous agitent nous-mêmes et nous oppressent, tout démontre,avec une solennelle et touchante évidence, l'immensité de la perte que la médecine, l'amitié, les pauvres, la population entière viennent de faire en la personne aimée de M. le docteur Auban.

Aussi, je me serais tristement contenté de pleurer avec vous auprès de ce froid cercueil qui dérobe à nos yeux, sinon à nos cœurs, notre éminent confrère que nous aurions conservé longtemps encore si le mal qui nous l'a ravi ne s'était incessamment aggravé par les exigences impérieuses d'une vaste pratique dans laquelle M. Auban, par suite de sa bienveillance habituelle et infatigable, de son affectueux dévouement et de sa délicate générosité, a eu l'heureuse chance de compter autant d'amis que de clients.

Mais je dois aux fonctions que j'occupe dans l'Association médicale de l'arrondissement de Toulon, et à l'absence regrettée de notre honorable vice-président, le douloureux privilége d'adresser un suprême adieu, au nom de cette Association qu'il a tant aimée, à notre cher, à notre vénéré Président dont la vie et la carrière professionnelle vous ont été retracées en des termes empreints d'une noble éloquence : celle du cœur et de la vérité.

Il y a un an, Messieurs, presque à pareil jour, M. le Secrétaire général de l'Association des médecins de France, souhaitant la bienvenue à notre Société naissante, s'exprimait ainsi devant nos confrères de Paris et les délégués de la province réunis en Assemblée générale annuelle :

« La présidence de cette Société, acclamée d'abord
« par tous nos confrères de l'arrondissement de
« Toulon, a été décernée, par l'Empereur, à une illus-
« tration de la médecine maritime, à M. le docteur
« Auban, directeur du service de santé de la marine,
« en retraite, commandeur de la Légion d'honneur,
« Nestor vénérable de cette branche de la famille mé-
« dicale française et qui n'a pas hésité à donner à
« l'Association le concours de son nom respecté,
« de sa haute position et de son influence. »

Oui, Messieurs, l'influence de ce nom justement respecté ; de cette haute position et de cette notabilité médicale légitimement acquises a été considérable dans l'organisation de notre Société locale qui a éprouvé, dès son début, de grandes joies assombries aujourd'hui par une grande douleur, et qui se relèvera difficilement du coup terrible dont elle vient d'être frappée.

Mais que dis-je !

La mission de l'homme de bien, dans ce pauvre monde, ne finit pas sur la limite où s'éteint la fragilité humaine et où commence l'éternité. A l'exemple succède, en effet, le souvenir ; car, Messieurs, que vaudrait le salutaire enseignement d'une vie bien remplie, s'il n'avait d'autre durée que celle de notre éphémère existence ?

Si désormais nous devons être privés des inspirations de votre cœur noble et généreux, de l'appui de

votre jugement droit et sûr, du secours de vos conseils bienveillants et éclairés, votre mémoire restera
donc avec nous, vénéré Président, et, dans la conti-
nuation de l'œuvre à laquelle vous aviez imprimé
une féconde impulsion, nous prendrons pour guide
le souvenir de votre dévouement à la science et à la
profession médicales que vous avez toujours hono-
rées.

Nous nous rappellerons aussi — et ce sera pour
nous une égide tutélaire — que jamais les sentiments de la plus parfaite, de la plus franche confra-
ternité n'ont cessé de vous animer, et qu'ils auraient
rempli votre grand cœur s'ils n'avaient dû céder une
place à la sûreté, au charme de vos relations sociales
et aux inspirations de votre ardente charité.

Et maintenant, Messieurs, je voudrais bien ne pas
mettre en avant mon obscure personnalité, mais
comment oublier que le confrère distingué dont
nous allons nous séparer, que l'homme honnête, par
excellence, que nous avons perdu, m'a honoré d'une
précieuse affection et d'une flatteuse estime qui ne
seront pas la moindre des récompenses que j'aurai
obtenues dans la carrière où je figure comme l'un
des plus humbles serviteurs de la science et de l'hu-
manité ?

Adieu donc, Maître vénéré !

Adieu pour nos collègues de l'Association médicale
de l'arrondissement de Toulon, qui vous donne-
ront un successeur, mais ne vous remplaceront
pas !

Adieu pour nos confrères de l'ordre civil qui n'ont jamais attendu vainement le secours de votre savante expérience dans les conditions ordinaires de la lutte ou sur les champs de bataille de l'épidémie !

Adieu pour moi qui professe hautement le culte de la reconnaissance et de l'amitié !

Ou plutôt :

Au revoir, car le véritable chrétien ne meurt pas, et votre foi, vos bienfaits professionnels, votre inépuisable charité vous ont mérité une place au sein de Dieu d'où votre belle âme apprécie l'amertume de notre douleur et la sincérité de nos regrets.

Enfin, M. le docteur Ollivier, médecin professeur de la marine, au nom des nombreux élèves du maître vénéré prit la parole à son tour :

Messieurs,

Après les paroles émues et si éloquentes que vous venez d'entendre, tout a été dit sur l'homme de bien dont la perte retentit si douloureusement dans tous les cœurs. La vie de M. Auban a été esquissée et appréciée dans les termes sympathiques qu'elle mérite. Des voix autorisées ont admirablement rappelé combien il sut honorer la profession, où ne cessa de l'accompagner une juste notoriété. On n'a point laissé inaperçu, non plus, son dévouement dans les fonctions administratives où l'appelèrent les suffrages de ses concitoyens. Enfin on a parlé en termes exquis de tout ce qu'il a été dans sa carrière.

Mais que de choses encore, on aurait pu dire, Messieurs, sur ce que M. Auban n'a pas été, parce qu'il n'a pas voulu l'être! Découvrant sa modestie sous une autre face, on aurait pu rappeler qu'il n'eût tenu qu'à lui d'être plus encore, en représentant dans les hautes sphères du pouvoir ces populations affectionnées, au milieu desquelles il a préféré vivre et mourir. Guidé par son ardent amour du bien, plutôt qu'ébloui de sa popularité, il sentait qu'il leur serait plus directement et efficacement utile, en ne se séparant jamais d'elles.

Par ailleurs, M. Auban a été une de ces individualités éclatantes, à propos desquelles il est facile d'avoir toujours à citer quelque chose de noble et de généreux, alors même qu'il semble que l'on a déjà tout dit.

En prenant la parole, après les voix éloquentes qui se sont fait entendre, je ne veux pas sortir du milieu même où chacun a connu M. Auban. Je suis sûr de fixer là, encore un instant, l'attention émue de la foule sympathique qui se presse en sanglottant, autour de son cercueil.

Je vois, en effet, M. Auban dans le cours de sa pratique médicale, demandé, appelé, redemandé encore. Il accourt avec le même empressement vers la demeure du pauvre que vers celle du riche, partout où il y a des espérances à donner, des pleurs à sécher, des souffrances à soulager.

Recherché par les puissants, il se garde bien de s'isoler dans une sorte d'archiâtrie, lui si sensible pourtant au spectacle toujours navrant de la maladie dans la demeure des humbles. Il évite de s'attarder sous les lambris dorés, sachant bien qu'on l'attend dans la mansarde.

C'est qu'il n'oubliait pas, Messieurs, que si le talent ou les hasards de la fortune établissent des inégalités de situation sociale parmi les hommes, ils sont tous égaux par leurs souffrances devant le médecin.

« Les pauvres perdent plus que les riches, disait en pleurant un homme du peuple qui venait d'apprendre la mort de M. Auban. »

Paroles bien éloquentes dans leur simplicité et résumant à elles seules toute une vie de dévouement et de désintéressement !

Je le vois encore dans cette École de médecine navale, où il a laissé de si sympathiques souvenirs, où 30 générations d'élèves, et je suis heureux d'avoir appartenu à l'une d'elles, car c'est ce motif qui me fait prendre la parole en ce moment, eurent le privilége de le connaître. Toujours bon, affectueux et dévoué, il sut être un ami et un maître à la fois.

Là, comme au milieu de cette population dévouée, réclamant sans relâche son intervention, c'était le même cœur chaleureux, c'était la même affabilité de conversation et de relations, la même distinction de ton et de manières.

Aussi, Messieurs, de quel respect, de quelle affection nous entourions tous sa vieillesse ! Avec

quelle déférence nous accueillions ses conseils !
Dans l'entraînement du mouvement scientifique actuel, nos aspirations pouvaient bien nous porter du
côté des moyens nouveaux d'investigation et de
traitement. Mais nous n'en saisissions pas moins
avec avidité, dans les consultations où nous, ses élèves, avions l'occasion de rencontrer M. Auban, les
propositions judicieuses toujours favorables à l'inté-
rêt des malades, que lui inspiraient sa longue expérience et sa valeur pratique.

Voilà pourquoi, au moment du suprême adieu,
Maître vénéré et bien aimé, nous ne donnons pas
seulement des regrets à votre talent, mais nous donnons aussi des larmes à votre mémoire. D'autres
pourront nous dédommager, par leur expérience
lentement acquise, de celle du maître que nous
pleurons aujourd'hui. Mais qui pourra nous conso-
ler de la perte d'une personnalité aussi achevée que
la vôtre !

A cette pensée, on ne peut s'empêcher de songer
combien il serait regrettable qu'une existence aussi
bien remplie, disparût tout entière avec les regrets
et l'affection de ceux-là, seuls, qui purent la connaître !

Sans doute, les âmes d'élite laissent derrière elles
un rayon de lumière qui éclaire les générations venues longtemps après.

Mais les années, en se succédant, effacent toujours, en partie, les détails d'une vie, même comme
celle de M. Auban ; et, en ne manquant point ainsi

d'en amoindrir l'importance, peuvent en atténuer les beaux exemples qui en sont le fruit.

Nous espérons donc qu'un jour viendra où la reconnaissance de la cité perpétuera, par une inscription sur une plaque de bronze ou de marbre, le souvenir du maître vénéré dont le nom a toujours voulu dire : honneur, dévouement, charité.

Ce souvenir des obsèques de M. Auban, des honneurs qui lui ont été rendus, des voix émues qui ont prononcé sur sa belle vie un jugement qui sera aussi celui de la postérité, ce souvenir resterait incomplet s'il omettait les paroles que devait dire le plus ancien collègue et un des plus vieux amis du défunt, le docteur Levicaire, directeur du service de santé de la marine en retraite, qu'une indisposition obligea à quitter le convoi avant la fin :

MESSIEURS,

En promenant mes regards sur cette foule compacte de citoyens honorables qui accompagnent à sa dernière demeure notre digne confrère, le docteur Auban, je vous l'avoue, je ne suis pas étonné de cette ovation exceptionnelle, dernier hommage rendu à un homme de bien.... oui, à un homme de bien, je ne saurais trop le répéter.

A ce mot significatif, je devrais peut-être m'arrêter, car, à lui seul, il comprend plus d'éloges que n'en contiendrait un long discours.

Un des dons que possédait le docteur Auban était une physionomie sympathique qui attirait vers lui, comme le reflet d'un cœur excellent. Aussi les qualités de cette âme d'élite se révélaient-elles par des actes qui en sont la déduction naturelle ; c'est-à-dire des faits de bienveillance et de générosité.

Sa profession lui donnait de fréquentes occasions d'exercer ces précieux penchants qui glorifient sa mémoire.

Il me rappelle ce médecin qui, par sa lucrative clientèle, paraissait devoir laisser une opulente succession et dont la famille ne trouva plus à sa mort, pour toute richesse, qu'un registre à colonnes où étaient inscrites, sur l'une, les recettes de la veille, et, sur l'autre, les dépenses du lendemain, ou plutôt les secours qu'il réservait aux malheureux.

Le docteur Auban lègue de même à ses héritiers, au lieu d'une fortune qu'il lui eût été facile d'acquérir, quelque chose de bien préférable : un trésor d'honneur.

Un homme d'un tel mérite et d'un tel désintéressement devait trouver de la compensation de la part de ses concitoyens, et, d'abord, nous en voyons les témoignages dans l'universelle popularité dont il jouissait, et qui l'a fait acclamer par le suffrage électoral, durant tant d'années, au nombre des édiles de notre Cité et des membres du Conseil départemental.

L'autorité administrative , voulant utiliser sa valeur, a dû l'appeler au Conseil d'hygiène et de salubrité dont il était le vice-président.

Il devait naturellement appartenir à une Société de secours mutuels ; celle des charpentiers le possédait, comme président.

Enfin , à la création libérale et si confraternelle de la Société locale des médecins de l'arrondissement de Toulon, affiliée à la vaste association médicale de France, celui à qui nous allons dire un dernier adieu, a eu la satisfaction d'en être proclamé le président par un vote libre et spontané.

Le docteur Auban appartenait au Corps de santé de la marine, à la tête duquel il est parvenu.

Il était membre honoraire de la Société des sciences, arts et belles-lettres du Var et de divers autres Compagnies savantes. Enfin il portait l'insigne de Commandeur de l'Ordre impérial de la Légion d'honneur.

Puissent, cher et honoré confrère , ces quelques paroles rendre la pensée des personnes ici présentes et de celles qui sont absentes, c'est-à-dire de la population des nombreuses communes qui nous entourent et où votre nom était et reste vénéré.

Je voudrais aussi qu'elles fussent un allégement au deuil de vos parents et de vos nombreux amis,

mais je ne le comprends que trop par moi-même,
il est des blessures faites à l'âme pour la guérison
desquelles le temps, tout consolateur glacial qu'il
soit, ne possède point de dictame.

Ces quelques mots d'adieu, que me dictent mes
regrets pour le vieil ami que je perds, sont bien
courts et laissent des lacunes, je le sais, mais elles
vont être comblées par les orateurs auxquels je
cède la parole.

Adieu donc, ami, au revoir à la fin des temps.

Les adieux officiels étaient faits, là finissait
l'homme public ; mais l'affection pour l'homme
privé se réservait encore une autre manifestation.
Si la mémoire de M. Auban reste attachée à
Toulon, sa dépouille appartenait au caveau de
famille qui l'attendait à Faverole près d'Ollioules.
Là se trouve un petit vallon inhabité, à demi
sauvage, presque inconnu, agreste solitude qui
semble se recueillir dans un calme religieux.
Au milieu d'un épais taillis dont le murmure doux
et sacré berce leur dernier sommeil, à l'ombre
d'une chapelle funéraire qui protège leurs cen-
dres, les Auban qui ne sont plus y dorment sous
l'œil de Dieu. La tombe, où l'homme que nous
pleurons allait les rejoindre, ne renferme pas
seulement ceux qui l'avaient précédé dans la vie,
mais d'autres aussi plus jeunes que lui et dont il

avait eu la douleur de fermer les yeux, et son frère, Baptistin Auban, qui, lui aussi, avait emporté en mourant d'unanimes regrets, et ses deux petits neveux, jumeaux charmants, deux anges, victimes en même temps du même fléau.

Le char funèbre prit ce triste itinéraire suivi d'un long cortége de voitures et trouva, rendue sur les lieux, une foule nombreuse accourue d'Ollioules et des campagnes voisines. Là, le touchant concert des adieux recommença et tous les yeux étaient humides quand M. Gay, interprète de l'attendrissement de tous, prit la parole en ces termes :

MESSIEURS,

Nous touchons à l'instant de la séparation. Encore quelques minutes, et la dépouille mortelle de notre vénérable ami reposera dans sa demeure dernière. Recueillons-nous devant sa tombe, et adressons un suprême adieu à l'homme de bien que toute la contrée regrette, et dont le souvenir sera impérissable parmi nous. Des voix éloquentes et émues ont dit ailleurs ce qu'avait été l'homme de science et l'homme public. Mais les pompes de ses funérailles sont achevées, et ici, dans cette vallée solitaire, au milieu de cette nature silencieuse et triste, il n'y a plus place que pour les sentiments intimes et les épanchements de l'amitié.

Cette foule si nombreuse qui a accompagné ce cercueil jusqu'ici, ce concours si empressé, disent assez que c'est à l'homme privé qu'on a voulu donner un dernier témoignage de vive affection et de profonds regrets.

On ne pourra jamais dire combien il en était digne.

Il n'avait que des amis ! Quel plus bel éloge serait-il possible de faire de lui. — Tous ceux qui avaient été attirés vers le docteur Auban par l'éclat de son nom, ou par les relations officielles, lui sont restés indissolublement attachés par les liens d'une amitié profonde, qui, une fois née, ne pouvait pas s'évanouir, tant était grand le charme pénétrant de sa touchante bonté, de sa bienveillance extrême.

Ah ! oui, Messieurs, la bienveillance, ce signe certain des âmes élevées, était le côté le plus saillant de sa nature si parfaite. C'est par là, surtout, que son nom restera légendaire dans ce pays, plus encore que par sa renommée médicale et par les services publics qu'il a rendus ; c'est par là que sa mémoire vivra éternellement parmi nous.

Que cette vie si honorable et si pure, cette vie de dévouement, de désintéressement et de charité serve d'exemple à tous. Sachons y puiser un grand enseignement, et que le souvenir des vertus de l'homme éminent que nous pleurons, nous serve de guide et de sauvegarde dans l'avenir.

Pardonnez-moi de vous avoir retenus encore quelques instants auprès de cette tombe qui va se fermer ;

il fallait qu'une voix amie vint dire ici une dernière parole de regrets et d'adieu, et m'inspirant de
ma respectueuse affection pour M. Auban et de ma
vive amitié pour sa famille, j'ai cru devoir remplir
cette mission douloureuse, Adieu donc, ami cher et
vénéré ; au nom de tous ceux que vous avez obligés,
adieu ; adieu, au nom de tous ceux que vous avez
soulagés ou consolés ; au nom de tous ceux qui
vous ont aimé, adieu pour la dernière fois.

Puis la dalle funéraire fut soulevée et le cercueil s'ébranla pour descendre dans l'éternelle
nuit. Il restait encore cependant une voix à écou-
ter, une voix aimée de ce cœur qui a cessé de
battre, celle de M. Laure, d'Hyères, qui a soigné
les derniers jours de son ami et qui ne l'avait
plus quitté, veillant sans trève auprès de la
couche mortuaire, ensevelissant de sa main pieuse
cette chère dépouille et qui, jaloux jusqu'à la
fin des plus beaux priviléges de l'intimité, venait
s'agenouiller au bord même du sépulcre béant
pour prononcer, avec des sanglots, les dernières
paroles :

« Adieu, bon Camille, vieil et tendre ami, dors en
paix au milieu des tiens dans cet asile du repos où
tu es venu trop vite pour nous. A notre gré, ta vie
fut trop courte, mais elle a été si bien remplie, elle

a été si belle que son souvenir comme son exemple s'impose à tous, honore tes amis, enorgueillit ta famille. Ta fin si admirable est un vrai malheur public, comme en témoigne cet immense cortége qui entourait ton cercueil.

Jouis indéfiniment, dans le sein de Dieu, de la récompense due à tes grandes qualités, à tes modestes vertus, à tes nobles actions qui ont placé le nom d'Auban tellement haut que tous le respecteront et que personne ne l'oubliera jamais.

Je t'ai donné les derniers soins, la dernière caresse d'ami, je te devais le dernier adieu.

Au revoir, dans un monde meilleur !

Enfin la tombe avare reçut le trésor qu'on lui confiait, elle se referma sur lui — et tout fut dit.

Mais non, tout n'est pas dit encore en fait de souvenirs attachés à ces funérailles solennelles. Qui sait si les bonnes paroles qu'a prononcées à la fin de son discours le docteur Ollivier ne trouveront pas d'écho dans le cœur reconnaissant de nos populations? Qui sait même si leur gratitude ne rencontrera pas une autre forme pour s'affirmer, comme on pourrait le préjuger d'aprés cette lettre touchante de la Corporation des pêcheurs que M. Bérard, Commissaire-Général de la marine, un des plus intimes amis de M. Auban, a bien voulu nous communiquer?

Toulon, le 22 mars 1870.

Monsieur le Commissaire-général,

Pendant 35 ans, M. le docteur Auban a prodigué ses soins à la grande famille des pêcheurs de Toulon. Tous, indistinctement, ont été l'objet de sa bienveillance incessante et désintéressée, car non-seulement son traitement ne figurait, depuis bien longtemps, que pour mémoire dans notre budget, mais encore bien des nécessiteux ont souvent trouvé, discrètement oubliés sur un meuble, les moyens de se procurer les médicaments, qu'en sortant, le médecin venait de prescrire.

Cette indiscrétion, pendant que M. Auban était encore au milieu de nous, aurait blessé sa délicatesse, mais aujourd'hui, pour honorer sa mémoire, rien ne saurait retenir nos cœurs qui débordent de reconnaissance.

Du reste, les sentiments exprimés sur sa tombe par des voix plus autorisées ont fait connaître que nous n'étions pas seuls à bénéficier des trésors inépuisables de la science, de la charité et de l'aménité de M. Auban, et qui débordaient bien au-delà des limites de notre cité.

Chez les pêcheurs, sa mémoire sera impérissable, et de génération en génération son noble cœur sera l'objet d'un culte d'affection.

Notre vœu le plus cher serait que l'image de cet

homme de bien soit exposée à la vénération publique dans la ville de Toulon.

Cette manifestation, nous l'espérons, sera vivement appréciée par toutes les classes de la société, et par une souscription, notre vœu serait réalisable; car, nul doute que les corps de la marine, les différentes administrations et les amis nombreux que M. Auban comptait dans le département et dans toute l'étendue de la France, ne viennent avec empressement se joindre à ce témoignage d'un souvenir affectueux.

Indépendamment de l'obole que chaque pêcheur s'engage, avec religion, à déposer, la caisse commune y contribuera par une demande spéciale qui vous sera faite à ce sujet.

Si notre proposition vous paraît acceptable, nous vous serions reconnaissants, monsieur le Commissaire-général, de vouloir bien accepter le patronage de cette initiative et de nous diriger dans son accomplissement.

Nous sommes, etc.

Les Prud'hommes pêcheurs.

Par mandement,

Le Secrétaire archiviste,

Signé: HALLU.

Toulon, Typographie et Lithographie F. Robert.